AF460942

CORPS LÉGISLATIF.

CONSEIL DES CINQ-CENTS.

RAPPORT

FAIT

PAR BRIOT (du Doubs),

AU NOM D'UNE COMMISSION SPÉCIALE,

Sur la dénonciation adressée au Conseil contre le représentant du peuple HERNANDEZ.

Séance du 11 germinal an 7.

REPRÉSENTANS DU PEUPLE,

Notre collègue Hernandez vous a été dénoncé comme parent d'émigré, & remplissant les fonctions de représentant du peuple contrairement aux dispositions de la loi du 3 brumaire an 4, remise en vigueur par la loi du 19 fructidor an 5.

La commission spéciale à laquelle vous avez renvoyé l'examen de cette affaire, formée des représentans du peuple Daunou, Richard (des Vosges), Pons (de Verdun), Mansord, & de moi, m'a chargé de vous exposer les faits qui peuvent vous faire apprécier cette dénonciation.

Selon les assertions du citoyen qui vous a dénoncé notre collègue Hernandez, il est le fils de François Hernandez commis aux fortifications, frère de Françoise Hernandez mariée à un nommé Barralier dessinateur: ce Barralier est inscrit sur la liste des émigrés, & non rayé définitivement; par conséquent le citoyen Hernandez, représentant du peuple, est beau-frère d'émigré & atteint par la loi du 3 brumaire.

A l'appui de ces assertions, le dénonciateur a produit trois pièces; la première est l'acte de naissance de Joseph François Hernandez, fils de François Hernandez commis aux fortifications, & de Jérôme Baron son épouse; la seconde est un acte de mariage, constatant que le 9 avril 1771 Françoise Hernandez, fille mineure de François Hernandez commis aux fortifications & de Jérôme Baron, s'est mariée avec le nommé Jean-Louis Barralier dessinateur; la troisième pièce est un extrait conforme de la liste générale des émigrés, duquel il résulte que Louis Barralier ingénieur, a été inscrit le 22 vendémiaire an 3 sur la quatrième liste supplémentaire des émigrés. D'après ces pièces, notre attention s'est portée naturellement sur la filiation de notre collègue Hernandez & celle de sa sœur; puis sur l'inscription de Barralier, supposé son beau-frère, sur la liste des émigrés.

Dans les conférences que nous avons eues avec notre collègue, il a commencé par nous dire que son acte de naiſſance étoit en forme, & qu'il eſt en effet fils de François Hernandez, alors commis aux fortifications à Toulon.

Sur la ſeconde pièce, il nous a obſervé que la filiation & la fraternité ne pouvoient & ne devoient ſe prouver que par des actes de naiſſance en bonne forme; que Françoiſe Hernandez avoit pu paſſer pour ſa ſœur ſans l'être réellement; que des raiſons ou des convenances de famille avoient pu déterminer ſes parens à l'élever avec leurs autres enfans, à lui donner la qualité de fille de François Hernandez & de Jérôme Baron dans un acte de mariage, ſans qu'elle le fût en effet; & il nous a ajouté que, ſans entrer à cet égard dans de plus grandes explications, nous pouvions juger de la vérité de cette réponſe par l'impuiſſance où étoient ſes dénonciateurs de produire l'acte de naiſſance de Françoiſe Hernandez.

Sur la troiſième pièce, notre collègue nous a fait remarquer que rien ne conſtatoit l'identité du Barralier inſcrit ſur la liſte des émigrés avec celui qu'on ſuppoſe être ſon beau-frère; que ce ne ſont ni les mêmes prénoms, ni les mêmes qualités; qu'il y a à Toulon pluſieurs familles de Barralier, qui ne ſont unies par aucun lien de parenté, & que pluſieurs individus du nom de Barralier ſont inſcrits ſur la liſte des émigrés.

Pour donner plus de poids à ſes obſervations, le citoyen Hernandez nous a préſenté des pièces qui conſtatent qu'il a ſervi dans l'armée de mer depuis 1787 juſqu'au 8 floréal dernier, époque poſtérieure à ſon élection, & que par conſéquent, à ſuppoſer qu'il fût en effet parent d'émigré, il ſe trouveroit dans le cas d'exception prévu par la loi.

Tels ſont, citoyens légiſlateurs, les faits ſur leſquels vous avez en ce moment à fixer votre attention.

Les lois des 3 brumaire an 4 & 19 fructidor an 5,

ont puissamment contribué au salut de la République, c'est de l'application de leurs principes & de leur stricte exécution que dépend en grande partie l'extinction des troubles civils : déterminés à donner l'exemple à toutes les autorités de la République, vous ne souffrirez pas que les dispositions de ces lois soient violées dans votre enceinte, & le seul éveil qui vous seroit donné sur des faits de cette nature fixeroit toute votre attention.

Mais aussi le respect dû à la représentation nationale, l'inviolabilité du caractère dont vous êtes revêtus, veulent que le soupçon ne plane pas légèrement sur un représentant du peuple, que les inculpations dont il peut devenir l'objet soient examinées avec promptitude, appréciées avec sagesse, & qu'elles soient repoussées dès qu'elles ne sont pas appuyées sur des faits évidens & des pièces irréfutables.

La fraternité de notre collègue avec Françoise Hernandez est prouvée par un acte de mariage où cette qualité lui a été donnée par le père & la mère même de notre collègue; celui-ci dénie la fraternité : il l'avoit déniée précédemment dans un écrit public ; il étoit par conséquent convenable de produire l'acte de naissance de Françoise Hernandez : le lieu où elle avoit reçu le jour n'étoit point inconnu, puisque dans son acte de mariage on trouve ces propres expressions: *native de Mahon, demeurant depuis son bas âge avec ses père & mère sur cette paroisse* . . . . . . En principe la filiation ne se prouve que par les actes de naissance : admettre toute autre preuve, tant que l'acte de naissance subsiste, ou qu'il y a possibilité de le découvrir, ce seroit ouvrir la porte à des suppositions d'état & à des abus dangereux; ce seroit livrer les successions, les intérêts, le repos des familles, aux passions, au caprice, à l'aveuglement de certains parens ; une pareille doctrine sera toujours reprouvée par votre sagesse judicieuse & prévoyante (1).

Cependant nous n'avons pas pensé qu'il fût utile de nous arrêter à cette présomption que quelques circonstances auroient pu faire naître dans nos esprits, que Françoise Hernandez, présentée comme la sœur de notre collègue, étoit la fille naturelle de François Hernandez commis aux fortifications, & rien de plus. La loi du 18 prairial an 3 nous dispense même de raisonner dans cette hypothèse; sa disposition est précise:

« La Convention nationale, après avoir entendu son » comité de législation, décrète que les lois concernant » les pères & mères d'émigrés ne s'appliquent point » aux pères & mères d'enfans nés hors le mariage. »

Il faut cependant le dire avec franchise, citoyens représentans, autant nous aurions de répugnance à vous proposer l'application de la loi du 3 brumaire à notre collègue, si cette mesure dépendoit de la preuve de ce fait, autant nous serions éloignés de regarder la preuve qui nous en est offerte comme futile & sans importance. Le dénonciateur, à nos yeux, en auroit dit assez pour justifier son assertion. La preuve que Françoise Hernandez a passé pour sœur de notre collègue, & s'est mariée en cette qualité sous les yeux & du consentement de ceux qui passoient pour leurs père & mère communs, seroit tout au moins une présomption des plus graves, & nous serions tentés de croire que la preuve du contraire devroit être apportée par celui qui disconvient d'une fraternité inscrite dans un acte authentique, & qui prouve une possession d'état qui ne peut plus être détruite que par un acte de naissance en bonne forme. Nous vous aurions proposé même des mesures propres à obtenir

(1) On ne peut nier que ce raisonnement ne soit d'une vérité exacte & rigoureuse, s'il s'agissoit de succession, ou de toute contestation de ce genre portée par-devant les tribunaux.

cet acte de naiſſance, ſi les raiſons que nous allons vous ſoumettre ne nous avoient portés à penſer que cette recherche ſeroit ſans objet.

Et d'abord rien ne prouve que le mari de Françoiſe Hernandez ſoit réellement émigré; notre collègue n'a pu ni avouer ni conteſter ce fait, ſur lequel il nous dit n'avoir aucune connoiſſance. Françoiſe Hernandez fut mariée, le 9 avril 1771, à *Jean-Louis Barralier, deſſinateur.* On nous prouve par un extrait de la liſte générale des émigrés, que *Louis Barralier ingénieur* eſt émigré; mais ni les prénoms ni les qualités ne ſont les mêmes; en vérifiant la liſte des émigrés, nous y avons trouvé inſcrits vingt-quatre individus du nom de Barralier (dont cinq femmes ſeulement), & aucun d'eux n'a la qualité de *deſſinateur*, ni les prénoms de *Jean-Louis.* A la vérité, le dénonciateur de notre collègue affirme qu'il eſt de notoriété publique à Toulon, que *Jean-Louis Barralier*, *deſſinateur* eſt identiquement le *Louis Barralier, ingénieur*, inſcrit ſur la liſte des émigrés. Aucun acte ne juſtifie de cette notoriété; & quand il en exiſteroit un, ce n'eſt pas ſur une preuve de cette nature que vous vous détermineriez à prononcer l'expulſion d'un repréſentant du peuple : il faudroit une preuve légale & en bonne forme d'identité, & ce ſeroit au dénonciateur ſeul à la fournir, dès l'inſtant qu'il y auroit dénégation. Non-ſeulement il ſeroit inconvenant & ridicule d'exiger que tel citoyen, tel fonctionnaire prouvât qu'il n'eſt pas parent de tel individu de ſon nom inſcrit ſur la liſte des émigrés; mais une pareille preuve ſeroit très-ſouvent impoſſible à faire : car s'il eſt facile à tout citoyen de juſtifier de ſa filiation, il n'a aucun moyen de juſtifier de même de celle d'un individu à lui inconnu, qui a pris naiſſance dans un département oppoſé, & dont ſouvent le lieu d'origine & les prénoms ſont inexactement rappelés. Il y a tel fonctionnaire dans la République qui a plus de quarante individus de son nom inscrits sur la liste des émigrés; il y a des émigrés dont les prénoms & la profession sont les mêmes que ceux de citoyens demeurés fidèles à la République : vous sentez, sans qu'il soit besoin de plus longue explication, combien il seroit injuste & cruel d'établir en principe, qu'il suffit de les accuser d'émigration ou d'alliance avec les émigrés, pour les obliger à fournir une preuve négative souvent impossible à se procurer.

C'est donc ici que la preuve appartenoit toute entière à l'accusateur, & déja sous cet aspect nous aurions cru devoir vous proposer de rejeter la dénonciation jusqu'à ce qu'elle soit appuyée sur des preuves suffisantes.

Mais à supposer même que notre collègue soit parent d'émigré, il a en sa faveur une des exceptions prévues par les lois; c'est sur-tout cette circonstance qui a déterminé l'opinion de votre commission.

La loi du 17 ventôse an 4 porte:

« L'article de la loi du 3 brumaire contre les parens » d'émigrés, qui excepte des dispositions de cette loi ceux » qui, depuis la même époque, ont constamment exercé » des fonctions publiques au choix du peuple, est appli- » cable à tous ceux qui, depuis la même époque, ont » porté les armes pour la défense de la République, ou » qui ayant cessé d'exercer des fonctions publiques, n'ont » employé cette interruption que pour aller joindre les » phalanges républicaines, & combattre les ennemis de » la patrie. »

Notre collègue Hernandez nous a présenté trois pièces parfaitement en règle, desquelles il résulte qu'il est employé comme officier de santé dans l'armée navale depuis 1787 jusqu'au 8 floréal dernier, & a servi sans interruption.

Ici deux questions se sont présentées à votre commission. Les officiers de santé des troupes de mer doivent-ils jouir de l'exception portée par la loi du 17 ventôse an 4, comme étant assimilés en tout aux défenseurs de la patrie, première question : & dans ce cas même, n'y existe-t-il pas une distinction dans l'armée de mer entre les officiers de santé entretenus & les officiers de santé seulement auxiliaires, de laquelle il résulteroit que ces derniers ne doivent point être considérés comme assimilés entièrement aux marins en activité, seconde question ?

Sur la première question il ne peut pas s'élever l'ombre d'un doute. Non-seulement il est naturel & juste d'assimiler en tous points les officiers de santé aux militaires de leur arme & de leur grade ; ils partagent leurs travaux, leurs dangers, leur organisation, leur discipline, ils sont soumis à la même législation ; & soit qu'ils portent des secours sur le champ de bataille au guerrier frappé du plomb meurtrier, soit que dans les hôpitaux ils s'exposent journellement à des dangers plus obscurs, mais plus réels encore, ils s'acquièrent les mêmes droits aux distinctions, aux récompenses & aux prérogatives que la République assure à ses défenseurs.

Ce principe, qui seroit sur-tout d'une vérité exacte dans l'armée de mer, a été consacré par plusieurs lois & par toutes les mesures relatives du gouvernement : il est inutile de vous en rapporter le détail. La loi du 15 nivôse an 4, & antérieurement un arrêté du comité de salut public du 1er. fructidor an 2, un arrêté du Directoire exécutif du 19 pluviôse an 6, plusieurs autres mesures législatives & réglementaires suffisent pour lever tous les doutes à cet égard : les dispositions en sont claires & précises, & prouvent que jamais on n'a songé à contester l'assimilation des officiers de santé à tous autres militaires du même grade (1).

(1) La loi du 3 brumaire an 4, art. 52 s'occupe de la nomination des officiers de santé de la marine, ainsi que de celle de tous autres officiers.

Celle du 17 nivôse an 4 porte, dans son *considérant*, « qu'il est

Maintenant, pourroit-on dire, ſi ces diſpoſitions ſont applicables aux officiers de ſanté entretenus de la marine, il n'en eſt pas de même pour les auxiliaires : ceux-là reſtent chez eux en réquiſition & ne ſont pas en activité de ſervice ; dans aucun cas ils ne doivent jouir des prérogatives des premiers.

Notre collègue n'étant officier de ſanté entretenu dans la marine que depuis le premier janvier 1793, nous avons recherché la légiſlation relative aux officiers de ſanté de la marine, le réglement de 1768, la loi du 27 janvier 1793, l'arrêté du Directoire exécutif du 19 pluvioſe an 6 : nous n'avons vu nulle part des officiers de ſanté auxiliaires mis en réquiſition & reſtant dans leurs communes ; nous avons vu que, pour avoir un nombre conſtant d'hommes inſtruits, habitués à la mer & aux maladies des marins, on avoit dans la marine, pour le ſervice de ſanté comme pour celui des vaiſſeaux un certain nombre d'entretenus, c'eſt-à-dire d'officiers de ſanté de vaiſſeau, d'adminiſtration, toujours employés, quels que fuſſent les beſoins du ſervice, & qui ne ceſſoient pas de l'être lors même que le ſervice ne ſuffiſoit pas pour les faire employer. Nous avons vu que l'article 4 du titre 2 du règlement de 1768, l'article 3 de la loi du 26 janvier 1793, l'article 2 de l'arrêté du Directoire exécutif, du 19 pluvioſe an 6, autoriſoient, lorſque les beſoins du ſervice exigeoient un plus grand nombre d'officiers de ſanté que celui qui devoit

---

» inſtant de venir au ſecours des officiers de ſanté & de les faire » participer aux avantages dont jouiſſent les officiers militaires *auxquels ils ſont aſſimilés.* » Et l'art. 3 de cette loi conſidère & traite comme officiers militaires les membres du conſeil de ſanté.

Arrêté du Directoire exécutif, du 19 pluvioſe an 6, *tit.* 18 *art.* 8, 9, 10, 11, 12, & *tit.* 24.

être constamment entretenu, d'en appeler d'autres qu'on nomme dès-lors *auxiliaires*, & dont le nombre, dans chaque grade, est proportionné aux besoins du service. C'est ainsi que les lois anciennes autorisoient à employer des officiers de vaisseau auxiliaires, que celle des 3 & 4 brumaire an 4 autorise à employer des officiers & des administrations non entretenus ; mais la seule différence qu'admettent ces lois, réglemens & arrêtés entre les entretenus & les auxiliaires, consiste seulement dans la momentanéité de service pour les auxiliaires : ils ne sont au service ou ne sont auxiliaires que pour le temps où leur concours est nécessaire ; dès qu'il cesse de l'être, ils cessent d'être au service : mais on voit également que, tant qu'ils y sont, il n'existe aucune différence entre l'entretenu & l'auxiliaire, ni pour le traitement, ni pour l'uniforme, ni pour les grades ; & à part les articles concernant la durée de leurs commissions, on ne trouve plus aucune distinction dans ces lois, réglemens & arrêtés.

Dans l'armée de terre par exemple, il existe des officiers surnuméraires, souvent même des corps entiers surnuméraires au pied de l'armée en temps de paix & qui sont réformés dès que la guerre a cessé : mais tant qu'elle dure, tant que ces corps & officiers sont nécessaires, les soldes, traitemens, grades, sont les mêmes pour les surnuméraires que pour ceux qui ne le sont pas. Il y a eu dans l'armée de terre, il y a peut-être encore un grand nombre d'officiers de santé qui n'avoient ni brevet ni commission, mais qui étoient seulement requis momentanément ou commissionnés provisoirement par les commissaires des guerres ; & jamais on n'a songé à leur contester l'assimilation en tout point aux autres officiers de santé pendant le temps de leur service (1).

(1) Ces officiers de santé ont été tellement regardés comme assimilés à tous les autres officiers, que ceux d'entre eux qui, démissionnaires ou non employés, sont de l'âge de la réquisition ou de la première conscription militaire, ont été autorisés à rester

Dans les états de ſervice que nous a préſentés notre collègue, on ne voit pas la diſtinction du ſervice d'auxiliaire & d'entrenu: la date de ſon brevet d'entretenu l'indique ſeule; & il eſt cependant conſtaté par ces mêmes pièces qu'au premier janvier 1792, époque où il a été entretenu, il avoit trois ans & demi de ſervice de mer ſur les bâtimens de guerre de l'État. Ne feroit-il pas abſurde de prétendre qu'un homme qui ſert activement dans des mers éloignées ne ſert pas réellement & qu'on ne doit pas compter ſes ſervices par cela ſeul qu'il a la qualité d'auxiliaire? Au reſte, nous vous l'avons déja dit, les diſpoſitions citées par nous tendent toutes à détruire cette opinion (1), ſans qu'une ſeule ait paru l'accréditer: d'où nous avons conclu que la continuité de ſervice de notre collègue ne pouvant être conteſtée, il réſulte qu'il eſt dans le cas d'exception prévu par la loi du 9 ventoſe an 4.

En réſumant ce que nous venons de vous expoſer,

---

dans leurs foyers, & que la loi ſur la conſcription militaire porte une diſpoſition formelle à cet égard.

(1) « Lorſque le nombre des ſeconds aides & élèves ne ſuffira » point pour les armemens & qu'il faudra recourir aux chirurgiens » de levée, on n'en fera venir que le nombre indiſpenſable, & » à meſure qu'ils arriveront, ils ſeront interrogés par le premier » médecin, le chirurgien-major & le démonſtrateur, qui formeront » une liſte, qu'ils ſigneront, laquelle contiendra leurs noms, le mé» rite de chacun, en quelle qualité ils les jugeront capables d'em» barquer, & quelle paie il conviendra de leur paſſer juſqu'à ce » qu'ils ſoient embarqués. (Réglement de 1768, *tit.* IX, *art.* IV.)

» Toutes les fois qu'un officier de ſanté de la marine ſera employé » dans un grade ſupérieur à celui auquel il eſt entretenu, ſoit à » terre, ſoit à la mer, il jouira du traitement du grade auquel » il ſera employé, à dater du jour de ſa nomination.

» Dans les temps d'armemens extraordinaires, lorſque les officiers » de ſanté de la marine entretenus ne pourront ſuffire au ſervice, » il ſera employé momentanément des officiers de ſanté auxiliaires, citoyens collègues, il résulte premièrement qu'il n'est pas suffisamment prouvé que le représentant du peuple Hernandez est compris dans les dispositions de la loi du 3 brumaire an 4; secondement, que, dans cette hypothèse même, il est dans l'un des cas d'exception formellement prévus par la loi du 17 ventose an 4.

En conséquence, votre commission vous propose de rejeter par l'ordre du jour la dénonciation portée contre le représentant du peuple Hernandez.

» lesquels jouiront du traitement du grade auquel ils seront em-» ployés, d'après l'examen qui en sera fait. »

(Loi du 26 janvier 1793, *art.* III. Voir aussi les *art.* prem. & II de cette loi, & l'*art.* III de la loi qui suit.)

PIÈCES RELATIVES AU RAPPORT.

Paris, le 4 ventose an 7 de la République française, une & indivisible.

Henry, du département du Var, actuellement à Paris, au président du Conseil des Cinq-Cents.

CITOYEN REPRÉSENTANT,

Je reçois de mon département des pièces authentiques constatant que les citoyens *Hernandez* & *Marquezy*, membres du Conseil des Cinq-Cents, sont atteints par la loi du 3 brumaire. Je vous les transmets par la voie de la poste, bien persuadé qu'elles n'auront pas le sort d'un pareil envoi qui fut fait directement du Var au président du Conseil, & dont on n'a plus entendu parler.

La première pièce prouve qu'Hernandez, membre du Conseil, est fils de *François Hernandez*, commis aux fortifications; la seconde, que Françoise Hernandez, fille de François Hernandez, commis aux fortifications, & conséquemment sœur du précédent, quoique celui-ci l'ait reniée par écrit, est femme légitime de *Barralier*, dessinateur.

La troisième pièce prouve que ce Barralier, époux de Françoise Hernandez, est porté sur la liste des émigrés comme ingénieur : c'eſt qu'il l'étoit en effet lorſqu'il a émigré, & qu'il n'étoit que deſſinateur lorſqu'il ſe maria; ce *Barralier* eſt avec les Anglais ; il étoit de la deſcente d'Oſtende.

Tous ces faits ſont ſi notoires dans Toulon, que tout le monde en eſt inſtruit. . . . .
. . . .

Salut & reſpect, HENRY.

Extrait des regiſtres de naiſſance de la ci-devant paroiſſe cathédrale de Toulon.

L'an mil ſept cent ſoixante-neuf & le vingt-ſix mai a été baptiſé par nous curé ſouſſigné Joſeph-François Hernandez, né hier ſur cette paroiſſe, fils de François Hernandez, commis aux fortifications, & de Jérôme Baron, mariés enſemble. Le parrain a été Joſeph Barralier, inſpecteur des ouvrages du port ; la marraine Marie-Suzanne Eſcudier ſon épouſe, laquelle a dit ne ſavoir écrire : le père & le parrain ont ſigné. *Signé*, Joſeph Barralier, Franceſch Hernandez, Broquier, curé.

Pour copie conforme au regiſtre dépoſé aux archives de l'adminiſtration centrale du département du Var, par nous ſecrétaire en chef d'icelle ſouſſigné.

Signé, FAUQUELLE, *ſecrétaire en chef.*

L'adminiſtration centrale du département du Var atteſte que le citoyen Fauquelle qui a ſigné ci-deſſus, eſt tel qu'il ſe qualifie, & que pleine & entière foi doit être ajoutée à ſon ſeing.

Fait à Brignolles, le 24 vendémiaire an 7 républicain.

Signé, Barthelemi, Barbarroux fils, Illauniel.

Extrait des regiſtres de naiſſances, mariages & décès de la ci-devant paroiſſe cathédrale de Toulon.

L'an mil ſept cent ſoixante & onze, & le neuf avril, après la publication des trois bancs du futur mariage entre Jean-Louis Barralier, deſſinateur, fils mineur de Joſeph Barralier, inſpecteur des creuſages du port, & de Marie-Suzanne Eſcudier, de cette paroiſſe, d'une part, & de Françoiſe Hernandez, fille mineure de François Hernandez, commis aux fortifications, & de Jérôme Baron, native de Mahon, demeurant depuis ſon bas âge avec ſes père & mère ſur cette paroiſſe, d'autre, faite en cette égliſe, ſans qu'il ſe ſoit trouvé aucun empêchement ou oppoſition. Vu le conſentement par écrit du père du promis, nous, ſouſſigné curé de cette paroiſſe, avons reçu en cette égliſe le mutuel conſentement que les ſuſdits Jean-Louis Barralier & Françoiſe Hernandez ont donné par paroles de préſent audit mariage, & leur avons donné la bénédiction nuptiale en préſence des père & mère de la promiſe, & des témoins requis, ſavoir ; Antoine Michon, ſecrétaire des commiſſaires des guerres, Louis Pourquier, pilote, Jean-Noël Julien, maître de muſique, & Batharat Marmillot, chirurgien, tous habitans de cette ville, qui nous ont atteſté ce que deſſus ſur l'âge, le domicile & la qualité deſdites parties, après avoir été par nous avertis des peines portées en l'édit de 1697, contre les faux témoins en fait de mariage, leſquels ont ſigné avec l'époux & l'épouſe. *Signé*, Jean-Louis Barralier, Julien, Michon, F. Hernandez, Pourquier, Hernandez, Marmillot, Broquier, curé.

Pour copie conforme au regiſtre dépoſé aux archives de l'adminiſtration centrale du département du Var, par nous greffier en chef d'icelle ſouſſigné.

FAUQUELLE, *ſecrétaire en chef.*

L'adminiſtration centrale du département du Var atteſte que le citoyen Fauquelle qui a ſigné ci-deſſus, eſt tel qu'il ſe qualifie, & que pleine & entière foi doit être ajoutée à ſon ſeing.

Fait à Brignolles, le 24 vendémiaire an 7 de la République.

Signé, Barthelemi, Illauniel, Barbarroux fils.

DÉSIGNATION DES ÉMIGRÉS.				DOMICILE DERNIER CONNU.			Situation des biens que possédoient les émigrés.			Dates des arrêtés ou listes des départemens qui ont constaté l'émigration.	*OBSERV.*
NOMS.	Prénoms.	Surnoms.	Dernières professions ou qualités.	Départemens.	Districts.	Municipalités.	Départemens.	Districts.	Municipalités.		
Barralier.	Louis.	. . . . .	Ingénieur.	Var.	Beausset.	Toulon.	Var.	Beausset.	Toulon.	22 vendémiaire an 3e.	

Pour copie conforme à la liste générale des émigrés, formant le quatrième supplément, arrêtée à Paris par le ministre des finances, le 30 nivose an 4 de la République française.

Signé, BARTHELEMI, *président en remplacement.*

FAUQUELLE, *secrétaire en chef.*

TABLEAU demandé par la commission de la marine.

Nom.	1°. Fromental Hernandez.
Lieu & époque de la naissance.	2°. Né à Toulon, le 26 mai 1769 (vieux style).
Endroits qu'il a habités.	3°. A habité Collioure & Perpignan, pour y faire ses cours de médecine, depuis 1774 jusqu'à 1787.
Profession de ses parens.	4°. Son père a été inspecteur des vases au port Vendre jusqu'en 1790, & l'est actuellement au Port-la-Montagne.
Son service.	5°. Il est entré au service en 1787, à l'hôpital de la marine, en qualité d'officier de santé, & n'a pas discontinué de servir jusqu'à présent.
Navigation.	6°. Il a fait quatre campagnes, faisant 48 mois; 1°. 29 mois comme aide & second chirurgien sur la frégate l'*Impérieuse*; 2°. 11 mois comme second chirurgien sur la corvette *la Jardine*; 3°. 4 mois comme chirurgien-major sur le bricq *le Gersaud*, & 4°. 4 mois comme chirurgien-major sur la frégate *la Junon*. Il est actuellement, depuis 6 mois, chirurgien-major de la Cayenne.
Epoque de sa nomination.	7°. A été fait sous-aide-major entretenu en janvier 1793 (vieux style), dans l'organisation des officiers de santé du ci-devant Toulon, par le conseil exécutif . . . . .

. . . .

Les membres composant la commission municipale du Port-la-Montagne.

Au Port-la-Montagne, le 11 messidor, l'an 2 de la République une & indivisible.

Signé, Simon fils, Bomarande, Marquezy le jeune, Aube le jeune, Gonnin, Marc, Bontronne, J. Bessiers.

Vu & approuvé par les membres composant le comité de surveillance révolutionnaire.

Au Port-la-Montagne, le 11 messidor, l'an 2 de la République française une & indivisible.

H. Maubert, Reverdit, Gibelin, Arnoux, Boisserieux, Paul, Courtes, Aubin, J. Partaud.

Extrait, parte in quâ, *du regiſtre de claſſification des officiers de ſanté de la marine du port de Toulon, envoyé au conſeil de ſanté le* 18 *vendémiaire de l'an* 4, *par les citoyens* Auban, Tentoris & Michet, *officiers de ſanté en titre et par intérim à cette époque.*

Officier de ſanté entretenu de 3me. claſſe ayant été préſenté pour être employé comme médecin, à la commiſſion de marine.	HERNANDEZ,	Sujet très-inſtruit, & notamment dans la partie de la médecine, d'une bonne conduite & de bonnes mœurs.	. . . .

Nous officiers de ſanté en chef, croyons devoir ajouter à l'extrait ci-deſſus, que nous certifions conforme à l'original, que le citoyen Joſeph-François Hernandez mérite à tous égards l'apoſtille avantageuſe qu'il contient, par ſes talens bien connus & ſon civiſme prononcé; qu'il a d'ailleurs 9 années de ſervice conſécutif de ſanté dans la marine, dont 4 de mer, que depuis le mois de janvier 1793 il n'a ſervi qu'en qualité d'officier de ſanté en chef des navires de la République ou comme officier de ſanté de 1ere. claſſe, & que nous croyons utile au bien du ſervice de le propoſer de rechef pour la place de médecin entretenu de la marine.

A Toulon, le 16 pluviôſe, de l'an 4e. de la République.

Signé, AUBAN, premier médecin; GUIGOU, premier chirurgien; MICHET, pharmacien en chef; LECLER, ſecond chirurgien en chef; GAL, ſecond médecin.

Pour copie conforme, à Toulon, ce 18 germinal de l'an 4e. de la République.

Signé, LECLER. AUBAN médecin en chef.

Nous administrateurs municipaux du canton de Toulon certifions que les citoyens Auban, médecin, & Lecler, chirurgien, qui ont signé de l'autre part, sont tels qu'ils se qualifient & que foi doit être ajoutée à leur signature.

Toulon, ce 17 germinal, an 6 de la République.

Signé, L. GUIOT, CRASSOUS, SIMOND, administrateurs municipaux.

Le commissaire de marine, chargé des revues des officiers civils & militaires, & autres entretenus, ainsi que de la police des troupes d'artillerie au port & arrondissement de Toulon.

Certifie qu'il est constaté par les registres déposés au bureau des revues, que le citoyen Joseph-François Hernandez a été porté sur les états le 1er. janvier 1793 (*vieux style*) en qualité de chirurgien sous-aide-major, & médecin entretenu jusqu'en germinal an 4, & qu'il a été employé depuis cette époque jusqu'à ce jour en qualité de chirurgien auxiliaire de 1re. classe.

Toulon, le 8 floréal, an 6 de la République française, une & indivisible.

Vu par l'ordonnateur, *signé*, EVEN.

Pour le commissaire,

Le commis principal, *signé*, BEDARIDE.

DE L'IMPRIMERIE NATIONALE.
Germinal an 7.

www.ingramcontent.com/pod-product-compliance
Ingram Content Group UK Ltd.
Pitfield, Milton Keynes, MK11 3LW, UK
UKHW020235180726
13838UKWH00005B/2397

9 782019 909864